L'ANTI-MAGNÉTISME *MARTINISTE,* OU BARBÉRINISTE.

BIBLIOTHÈQUE ROYALE

OBSERVATIONS trouvées manuſcrites ſur la marge d'une Brochure intitulée : Réflexions impartiales ſur le Magnétiſme animal, faites après la publication du Rapport des Commiſſaires, &c.

A Lyon, le 18 ſeptembre,

1784.

(5)

AVIS DE L'ÉDITEUR.

L'Ouvrage intitulé : *Réflexions impartiales &c.* & enrichi de notes manuſcrites, ayant été trouvé dans une place publique, nous a ſemblé perdu par l'Auteur qui nous eſt inconnu. Pour le mettre à même de réparer ſa perte, nous n'avons pas trouvé de meilleur expédient que celui de faire imprimer ſes obſervations. C'eſt aſſurément rendre ſervice au Public que de rédiger & d'expoſer à ſes yeux, les choſes curieuſes & vraies que renferme ce manuſcrit.

OBSERVATIONS SUR LE MAGNÉTISME.

Claudite jam rivos, Pueri, sat prata biberunt.

» ANTI-MESMÉRIEN, incrédule, » opiniâtre ! allez voir vos Coriphées » exterminés par l'ouvrage d'un Bar- » bériniste ». Tels étoient les cris qui me persécutoient hier, lorsque pour m'y soustraire, j'allai chez mon Libraire acheter cet ouvrage. Je m'empressai de lire cette nouvelle production, dont le titre est menaçant pour MM. les Commissaires, qui, *chargés, par le Roi, de l'examen de cette découverte*, ont décidé qu'elle n'étoit que chimere. Je tremblois pour eux & pour M. Thouret qui mérite d'être mon oracle ; je m'attendois à les voir confondus : mais, hélas ! c'est *Mons parturiens mus.*

L'Auteur anonyme de cette brochure, avec des talens très-inférieurs à ceux de l'Auteur immortel du livre profond, & concluant des *Recherches & doutes sur le Magnétisme*, ose l'attaquer ; ainsi que le rapport, aussi décisif qu'élégant, de MM. les Commissaires. Mais il faut mieux que des assertions merveilleuses fondées sur des principes inintelligibles & imaginaires pour infirmer les raisonnemens victorieux de ces deux pieces si terribles au Magnétisme. En dépit des *Réflexions impartiales* d'un hommetrès-partial, puisqu'on apprend, en le lisant, qu'il se livre aux manipulations magnétiques, M. Thouret triomphe toujours, ainsi que l'écrivain agréable & judicieux du *Rapport.*

J'ignore, au reste, quel est l'Auteur de cette brochure. Je la commenterai donc sans personnalités. Elles sont trop étrangeres à mon caractere, pour que je les employasse lors même qu'elles ne me seroient point impossibles. Je ferai, sur cette nouvelle défense du *Magnétisme*, des remarques dont je ne saurois m'abstenir. Elles seront éphémeres comme lui, je le prévois; mais j'ai besoin de soulager mon cœur en disant à propos, sur cet objet, ce qu'il est important qu'on sache, & que personne n'a voulu dire avant moi.

Quel que soit l'Auteur dont il s'agit, il est évident qu'il n'est ni Physicien, ni Médecin, ni Naturaliste. Cependant il prétend être l'apologiste d'une découverte naturelle, que la raison & le bon sens désavouent. Il est bon de dire que je ne tiens point moi-même à la secte d'Hyppocrate, qu'on suspecte en pareille matiere; je suis sans partialité, mais je ne peux ne pas me récrier contre les systêmes erronés & bisarres, contre les narrations fausses & trompeuses que renferme cette brochure. J'écrirai sans art comme son Auteur: cela m'est permis, au moins, puisque le défenseur de la vérité doit être simple comme elle. Si l'on passe le style sans apprêt & sans clarté à celui qui s'avance avec tant de confiance pour venger le *Magnétisme*, on ne regardera pas de si près à la diction naïve d'un homme vrai qui, pour détromper les gens crédules, abusés sur ce point, se contentera de dire bonnement ce qu'il sait & ce qu'il a vu.

L'Auteur dont je parle s'est étayé, pour cet effet, d'un antique système de cabale, boursoufflé de métaphysique, rajeuni tout récemment, & dans lequel donnent les esprits qui sont avides de contes de revenans. Le merveilleux de cette rêverie éblouit les hommes peu instruits, & les gens éclairés en gémissent. Je connois, comme MM. les Ma..., les Livres dans lesquels elles sont mystérieusement déposées ; j'ai le pouvoir de puiser dans ces sources prétendues divines ; mais je dois à ma raison comme à ma foi de ne pas donner dans les fables abstraites & mal cousues des E & D. L. V. du T. D. R. E. D. L. H. & L. U. & du D. D. S. &c. &c.

Les Mystagogues qui ont écrit ces ouvrages ou ceux qui les expliquent, pensent néanmoins qu'on ne peut les lire avec intelligence sans être entraîné par les charmes de la vérité qu'ils dévoilent. Ils attribueront mon incrédulité à mon peu de perception, & ce défaut de perception, à la matiere dans laquelle mes égaremens m'ont trop englouti. Mais pour réparer mon honneur aux yeux de ceux qui me liront, pour gagner leur confiance, & les mettre à portée de juger ce systême *Magnétique*, qui dérive de celui de *l'armure* & de la *lance* auquel il eſt enchaîné, j'en expoſerai d'abord, avec briéveté, ce qui forme celui du *Magnétiſme*, éloignant de cette expoſition ce qui pourra lui être étranger. Quand on aura vu juſqu'à quel point cette doctrine inſpire de l'amour-propre à MM. les Magnétiſans Mar...., on ne s'étonnera plus de les trouver eux-mêmes très-vains, très-avantageux, & ne doutant point du pouvoir extrême dont il ſe flattent imprudemment.

Syſtême Martiniſte ſur le Magnétiſme.

L'homme avant ſa chûte, dans ſon état primitif, ſe trouvoit près du centre univerſel d'unité ; il étoit quaternaire comme Dieu, & ce qui formoit entr'eux toute la différence, c'eſt que les penſées de la Divinité étoient abſolument inacceſſibles au mauvais principe qui pouvoit lire dans la penſée de l'homme, lui en inſpirer de funeſtes, auxquelles celui-ci pouvoit conſentir, & ſe livrer par un effet de ſa liberté & de ſa volonté. Avant la dégradation de l'homme, qui n'arriva que de cette maniere, il étoit ſupérieur à tout ce qui n'étoit pas Dieu, il commandoit aux ſept inſtrumens de ſa gloire, & les parties élémentaires de la matiere lui étoient ſubordonnées. Par une ſuite de ſon crime, en ſe précipitant dans la région des meres, il a confondu ces élémens de la matiere dans laquelle il ſe trouve *enveloppé*. Par ce mélange & cette confuſion dont ſont réſultés trois élémens ſeulement, *le feu*, *la terre* & *l'eau*, l'homme eſt au milieu de la matiere qu'ils conſtituent. C'eſt ainſi qu'il s'eſt dégradé en allant de *quatre* à *neuf*.

Celui qui tend à revenir à ce premier état, remonte, ſuivant la marche de ſa dégradation, de *neuf* à *quatre*; & c'eſt quand il ſe rapproche de ce premier poſte qu'il acquiert ſur les eſprits comme ſur la matiere, ce pouvoir plus ou moins grand, ſelon qu'il eſt plus ou moins près de la forêt de *ſept arbres*; il participe alors à la puiſſance de cette cauſe active & intelligente qui préſide à tout par l'ordre & la volonté du premier & unique principe de tout; laquelle a été ſubſtituée par lui, à l'homme dégradé. C'eſt de là qu'il opere avec ſon ſecours ſur les êtres intellectuels, ſenſibles & matériels.

S'il étoit possible qu'il pût se dépouiller à son gré de son *enveloppe* & des entraves qu'elle lui donne, « s'il » pouvoit subitement se rétablir dans » tous ses droits, à l'image de l'*Agent* » suprême, il pourroit agir, tant sur » les êtres purs dont la plupart des » hommes est actuellement séparée par » de fortes *barrieres*, que sur les êtres » immatériels corrompus. Il auroit le » pouvoir de dissoudre & de décom- » poser toutes les *enveloppes* matériel- » les, de mettre à couvert les prin- » cipes *ignés* qui y sont contenus & » concentrés; de tenir dans l'inaction » ceux qui sont mal sains, & de rendre » agissans tous ceux qui sont salutaires, » c'est-à-dire, de faire succéder la vie » à la mort, la santé à la maladie, » la lumiere aux ténebres, & de trans- » figurer tellement tout ce qui l'envi- » ronne, que son séjour ressemblât à » celui de la vérité même ».

Mais il produira ces effets proportionnellement au chemin qu'il aura fait vers son état primitif, & dans sa route il commencera par faire sentir *les vertus de cette sagesse suprême qui, vivante par elle-même, tend à multiplier à l'infini l'ordre & la vie.* Tous ne sont pas appellés à cette œuvre, quelques-uns seulement sont destinés à la manifester par une détermination plus positive : ceux-là seuls peuvent opérer ces faits plus vastes & plus considérables.

Comme la marche vers cet état ne peut être que lente, ils peuvent suppléer à la célérité de leur élévation, afin d'avoir plutôt les forces supérieures, & les dons plus étendus dont ils ont besoin, en implorant l'intervention de cette troisieme ligne mystérieuse aux deux lignes qui forment déja un angle pour former une figure qui est la plus parfaite & la plus féconde de toutes les figures. Alors, avec le concours de la cause active & intelligente qui se rend à leurs vœux, ils peuvent *opérer ce qu'ils ont en eux*, la vie & la santé.

« De même que pour que la terre » produise, il faut que des vapeurs, » s'élevant hors de son sein, aillent » s'unir aux *vertus* célestes, & qu'ensuite » elles descendent sur sa surface pour » l'humecter de cette rosée féconde, » sans laquelle elle ne peut rien en» gendrer ; de même, l'homme ne pour» ra parvenir à connoître ses droits que » quand des vœux & des mouvemens

„ créateurs s'éleveront de toutes les fa-
„ cultés de son être, & qu'ils mon-
„ teront jusqu'à la source de lumiere
„ & de vie ; & qu'après en avoir
„ reçu l'onction salutaire & sacrée,
„ ils lui rapporteront ces influences
„ vivifiantes „.

„ En agissant au nom du Dieu vi-
„ vant qui l'a créé & qui vivifie tout,
„ est-il rien de si merveilleux qu'il ne
„ puisse produire ? „

La priere l'éleve bien au-dessus de lui-même, elle le place au-dessus de tous les êtres, & presque au milieu de la forêt. C'est de-là qu'il dispose des esprits inférieurs comme de la matiere. La triste humanité qui ne le voit point en ce lieu, parce qu'elle est dans une *enveloppe* matérielle, n'en est pas moins soumise à sa jurisdiction. Il découvre delà tout ce qui arrive à certains, & rien de ce qu'il leur arrive ne se fait que par son pouvoir. Peut-on douter maintenant que l'homme qui sait se spiritualiser, ne puisse opérer sur ceux qui ne sont point soumis à ses regards corporels ; mais qu'il connoît néanmoins ; mais qu'il voit du centre d'immensité vers lequel il s'est élevé ?

Quelque supérieure que soit cette doctrine à celle que M. Mesmer ne s'est faite qu'après avoir reconnu son propre pouvoir, on doit des éloges aux vertus éminentes qui lui ont mérité le privilege d'agir aussi puissamment. La probité, la simplicité, le désintéressement de sa belle âme lui ont obtenu de la Divinité cette puissance extraordinaire que l'Europe admire en lui. Il est trop simple & trop modeste pour en reconnoître la véritable cause; sa modestie l'a égaré, il a cru qu'il existoit un *agent magnétique*, au lieu de reconnoître en lui une *émanation* de la toute puissance Divine. Un Auteur plein d'érudition l'a dit : *M. Mesmer est un écolier jeune & sage qui n'a pas encore levé le voile qui lui cache la vérité, mais il est digne de la connoître, & doit y parvenir un jour.* (*traces du Magn.*)

La pierre d'épreuve d'un systême vrai, c'est, selon MM. Les M... l'approbation évidente & claire de la cause active & intelligente. *Celui-là n'est point le véritable, auquel elle ne donne pas son aveu & son adhésion.* Voyons donc si elle approuve leur principe ; leurs succès en seront la preuve évidente ; mais on ne reconnoît point l'influence de cette cauſe dans des opérations inutiles, & ſon adhéſion, dans une doctrine qu'on cherche à ſoutenir par des ſupercheries.

Examen des expériences magnétiques.

Parmi le nombre des expériences que l'on cite avec un air de triomphe, je choiſis celle du 9 août, faite à l'école vétérinaire, parce que l'anonyme prétend qu'elle fut decisive ; il ne craint pas d'aſſurer publiquement qu'un cheval y fut magnétiſé *ſans attouchement*, & qu'on déſigna *parfaitement* tous ſes maux. Ce Prince éclairé de la préſence duquel on ſe glorifie, a craint qu'on ne ſe glorifiât de ſes applaudiſſemens. Le ſilence qu'il a gardé obſtinément ſur cette opération, n'eſt rien moins que favorable au *magnétiſme*. On ſait que, perſécuté dans Paris comme à Lyon par les magnétiſans, il n'a fait qu'en rire. J'étois près de lui dans cette ſalle de diſſections de notre école vétérinaire, je ne perdis rien de cette fameuſe expérience que je vais raconter de maniere à n'être pas démenti même par les opérateurs.

M. M. & M. D. magnétiserent par des frictions réelles pendant une demi-heure un vieux cheval, étique, décharné, plus effroyable que les sept vaches ensemble que vit jadis le rêveur Pharaon. (*) On ne pouvoit donc ignorer que cet animal mourant n'eût les maladies des vieux chevaux, c'est-à-dire, les principaux visceres attaqués, & notamment l'estomac garni de vers, comme tous les vieux frugivores. Dévoré par les mouches & sur une surface platte, incommode, il frissonna. On s'apperçut qu'il toussoit, lorsqu'en lui passant les mains plusieurs fois depuis la bouche jusqu'au bas-ventre, on pressoit le *larynx*. Sa maladie en cette partie, fut donc connue par l'attouchement, le corps étranger qui s'y trouvoit étoit palpable; pourquoi donc en donner la découverte au magnétisme? Après une déclaration des magnétisans, & dans laquelle ils accusoient les principaux visceres, le *larynx* sur-tout, le lobe gauche du poulmon de l'animal, on l'ouvrit. Son

---

(*) S. A. R. le Prince Henri, révolté par la maigreur de cet animal, ne put s'empêcher de dire à sa voisine, Made M. que *jamais cheval si affreux ne s'étoit trouvé en aussi bonne compagnie.*

état interne fut assez conforme à la déclaration, si l'on veut taire que ce lobe gauche étoit très-sain. Le dissequeur le prononça hautement. On a imprimé le récit de cette expérience, mais en déguisant l'erreur, & si des personnes considérées ont souscrit cette narration infidele, les unes l'ont fait par complaisance, & les autres par politique.

Voilà au juste cette expérience importante, d'après laquelle on chante victoire ; ne nous lassons point, cherchons les cures de nos magnétisans M..., & faisons ensorte d'en trouver quelqu'une qui justifie leur systême.

Mais à chaque pas on rencontre des exposés artificieux. Ici c'est une femme incrédule qu'on magnétise d'une chambre à l'autre, en désignant en même temps ce qu'elle éprouve. Il est vrai qu'on l'annonça avec assez de hardiesse. Cette Dame, qu'on avoit ménacée du magnétisme lorsqu'on l'éloignoit, fut frappée de la menace, & toute émue lorsqu'on la rappella, ne savoit comment rendre les sensations indéfinissables de l'émotion & de l'agitation qu'elle avoit éprouvées & qu'elle subissoit encore. Au moyen des mots qu'on lui fournit, elle parvint à dire qu'elle avoit eu peu de froid au côté gauche & peu de chaud au côté droit.

Que des filles somnambules endormies par de tendres frictions, le vent frais qu'on lui souffle au visage & le silençe de ces caresses fassent quelques gestes analogues à leur idée prédominante lorsqu'elles s'endormoient entre les mains des magnétisans, rien qui ne soit là très-facile à expliquer, c'étoient les manipulations même du magnétisme qui leur fermoient les yeux. Mais ces somnambules sont de *jeunes filles* de la classe *du peuple*, c'est-à-dire, peu riches, avides d'argent; laissons à part les soupçons.... Eh! pourquoi s'extasier si l'on voit ces personnes, après quelques instans d'une attitude gênante & forcée, porter, sur elles-mêmes, les mains aux parties où les jeunes filles magnétisées par elles, fatiguées autant qu'elles de leur propre position pénible, souffrent comme elles, aux *hypocondres*, *aux plexus des* nerfs, & sur-tout au *plexus stomachique*? Qui ne sait d'ailleurs que ce sont là les sieges de presque toutes les maladies des femmes, principalement de celles qui sont excédées de peine & de fatigue! Ne seroit-ce pas donner une conclusion ridicule

que

que de dire que la jeune ſille qui repoſe ſes mains ſur ſes côtés, après avoir magnétiſé une autre jeune ſille, indique ainſi des obſtructions aux mêmes parties de cette derniere ? Si MM. les Commiſſaires ont dédaigné ces détails & ces explications minutieuſes, ce n'eſt point parce qu'elles leurs euſſent été *impoſſibles*, comme le dit l'anonyme, mais parce que l'état & les geſticulations de filles ſomnambules ne diſent rien en faveur du magnétiſme.

Ajoutons à cela le témoignage de ceux qu'elles ont magnétiſés. Aucun n'en a reſſenti les effets ; tous confeſſent leur inſenſibilité. Mais je remarque que ce ſont toujours des rêveries qu'on nous propoſe à croire. Quittons le baquet & les opérations de l'anonyme, laiſſons-nous conduire par lui chez M. Orelut ; écoutons, puiſqu'il le faut, l'expoſé magniſique des guériſons magnétiques ; mais voyons-les de près, car les expériences de ce genre, auſſi trompeuſes que des perſpectives d'optique, font illuſion quand on ne les voit que de loin.

Au traitement de M. Orelut c'eſt une femme de qualité qu'on dit *preſque guérie d'une obſtruction conſidérable au-*

dessous du foie. J'ai toujours ouï dire qu'en fait d'obstruction essentielle comme celle-ci, être *presque guéri*, c'est ne l'être point du tout. Cette femme de qualité a pris, pendant les traitemens, des médecines mêlées de fondans &c. L'obstruction est diminuée, mais le germe, le noyau sensible qu'elle en a toujours est un ennemi dangereux dont le magnétisme ne la délivrera jamais.

Je n'ai pas vu la femme de *Saint-Etienne* qui a recouvré, dit-on, par le secours de M. Brazier, l'usage de ses jambes, repliées sous ses cuisses depuis très-long-temps; mais on m'apprend que cette femme, reconnue pour une oisive mendiante, avoit précédemment obtenu une place d'incurable dans l'hôpital de cette ville en se repliant les jambes à dessein. Sa place étant inadmissible, elle a consenti à se rétablir sous le prétexte du *Magnétisme* qu'elle accrédite autant pour sa justification que pour l'avantage qu'elle y trouve (*).

(*) Pour la commodité du peuple que M. Brazier desire attirer à ses traitemens, vû que la bonne Compagnie de St. Etienne n'y va point, ce Médecin n'exige que trente sols par mois de chacun de ses malades. Il nous saura gré sans doute d'avoir instruit le Public des facilités qu'il lui ménage pour la guérison de ses maux.

Revenons avec l'anonyme au traitement qui l'intéresse ; s'il accorde quelques effets à ceux des autres magnétisans, il dit des merveilles du sien. Quand il parle de Mad. Guye & de son prétendu soulagement, je crois entendre l'histoire du paralytique de l'Evangile. Aussi puissant que le *Verbe* divin, un magnétisant Mart.... a dit à cette femme : *levez-vous & marchez* ; aussi-tôt elle a marché ; mais je connois cette femme & ses maux depuis 10 ans. Dire qu'elle ne marchoit pas, c'est au moins se tromper grossiérement. Vingt fois elle est venue chez moi avant que d'aller chez M. de Barbe... La promesse qu'il lui a faite de la guérir, l'espérance qu'elle en a conçue facilement, l'ont un peu ranimée. Eh ! franchement, quelle différence peut-on remarquer entre sa démarche présente & l'ancienne !

Je n'examinerai pas les matrices hydropiques & les femmes muettes dont il est question ; ce sont des maladies trop passageres de leur nature, pour que le magnétisme puisse se faire honneur honneur de leur guérison.

Je ne suivrai pas la kirielle des personnes guéries chez M Dutrehey. J'ai examiné les cures dont on s'y vante le plus & je les ai réduites à leur valeur,

Qu'il me soit permis de faire remarquer que ces personnes guéries sont toutes ou des filles ou des femmes ; en vérité, MM. les Ma. ne font pas jouer un rôle brillant au beau sexe.

L'anonyme qui veut accroître la confiance publique, eut dû ajouter à tant d'expériences, celle du samedi 20 août de cette année, il eut dû nous peindre les jeunes filles qui, rassemblées autour du baquet de M. Dutrehey, & frappées d'entendre déraisonner tous les magnétisans, se mirent à déraisonner aussi. Quel effroi ce délire universel ne causa-t-il pas ! quelles peines inutiles on prit à les rendre au bon sens ! & que seroient-ils devenus, ainsi qu'elles, s'il ne fût accouru ce puissant P. R. entre les genoux duquel elles passerent toutes successivement ! Il eut le courage, le bonheur & la gloire de les rendre toutes à la vie.

Douterons-nous encore que ces effets éclatans ne soient dûs à *l'imagination &c.* ? ce qui me le confirme, c'est, 1°. que l'état de Mme. Guye & des autres magnétisées devient pire qu'auparavant, si l'on cesse un seul jour d'exalter ou de soutenir exaltée leur imagination. C'est 2°. que j'ai tenté vainement de répeter chez moi les mêmes crises &c. que j'avois produites au traitement de M. Dutrehey sur les mêmes personnes, dont j'avois, il est vrai, tranquillisé efficacement *l'imagination*, & sans employer *l'attouchement*, ni donner accès à *l'imitation*. D'où il résulte que MM. les Commissaires qui ne sont point de jeunes étourdis, n'ont pas prononcé trop légérement & trop à *la hâte sur le magnétisme*, comme l'anonyme l'avance; que pourvu qu'on promene sa main sur une personne crédule, sensible, en la flattant de guérison, ou en la menaçant de douleur, elle éprouvera des sensations vives, surtout si elle desire ardemment sa guérison, ou si elle craint excessivement la douleur.

Je conviendrai cependant qu'indépendamment de cette cause, une personne dont la peau est délicate, le genre nerveux très-irritable, peut éprouver quelques sensations douloureuses, ou de chaud ou de froid, sous la main de l'opérateur (*). Mais qui ne sait les

(*) Notez qu'alors il la prédira d'abord *ab hoc & ab hoc*; si l'on n'éprouve rien, il ne se déconcertera pas. Si l'on témoigne ressentir quelque chose, il dira promptement : *ce doit être de la chaleur*. Si la magnetisée hesite à rononcer, *assurément*, reprendra-t il avec vivacite, *vous devez sentir maintenant de la fraicheur*. Je donne

effets de la transpiration qui s'émane des corps animaux? Le magnétisant, par la tension de ses nerfs & d'autres efforts, exprime & fait exhaler abondamment celle qu'il a ; malheur à la femme vaporeuse & susceptible qu'elle atteint. Qu'on lise sur cet article M. Thouret, p. 198 & le traité de Boyle, auquel il renvoit. (*De mirâ effluviorum qualitate.*)

Mais, suivant l'anonyme, aucune de ces causes n'est pour rien dans les opérations des Mart... Ils agissent à de très-grandes distances & à l'insu des personnes sur lesquelles ils operent. C'est l'auteur inconnu qui l'assure en nous disant : *je l'ai vu, je l'ai senti, je l'ai opéré.* Nous n'ignorons pas qu'il est des enthousiastes du magnétisme qui s'écrient à chaque instant : *l'on me magnétise !* Les femmes jouent encore ici le rôle principal. Se plaindre à tout propos d'être magnétisée de loin, est de enu pour la plûpart d'elles une affaire de *bon ton.* Il est doux d'attirer sur soi les regards d'une assemblée, de faire parler de l'extrême

---

ici la formule de l'opération pour l'instruction de ceux qui ne sont point versés dans le charlatanisme, & qui voudroient passer pour habiles Magnetisans.

ſenſibilité de ſes nerfs & de ſe jetter dans l'extaſe la plus voluptueuſe à la vue d'un objet qui émeut, quand on a pour ſoi le voile du Magnétiſme.

L'attention avec laquelle l'anonyme prétend qu'on en détournoit l'imagination de ces perſonnes ſuſceptibles, qui néanmoins reſſentoient des effets, ne prouve point que ces effets provenoient du magnétiſme. D'abord elles ne ſe trouvoient dans ce lieu que pour y être magnétiſées, elles ſoupiroient après les douces influences de l'opération ; & le ſoin néceſſairement affecté qu'on prenoit de les en diſtraire, n'étoit rien moins qu'une indication formelle de ce qu'on tentoit d'opérer ſur elles à leur inſu. Alors eſt ſurvenu ce qu'elles attendoient, ce qu'elles déſiroient, ce dont l'eſpérance ſeule les tranſportoit ; *le ſpaſme, la ſincope, la catalepſie, &c.* : mais ſont-ce des femmes dont l'eſprit ſoit au-deſſus de leur ſexe, dont le corps ſoit robuſte, qui aient éprouvé ces criſes ? Où ſont les hommes raiſonnables qu'on a magnétiſés à leur inſu ? Qu'on m'en cite un ſeul exemple ; qu'on me magnétiſe moi-même, ſans que je m'y attende, je dois le ſentir ſans doute. Je ne demande que cette preuve pour me convertir au Magnétiſme.

Réflexions sur le reste de l'ouvrage.

Croiroit-on nous convaincre du peu d'influence de *l'imagination* & de *l'imitation* dans les effets magnétiques en défiant MM. les Commissaires d'expliquer pourquoi les spectacles tragiques ne causent pas des crises. Si les femmes n'en éprouvent point aux tragédies, c'est qu'elles sont prévenues de ce qui va s'y passer, elles savent que c'est une fiction, c'est un jeu auquel elles sont accoutumées ; & parmi elles, combien qui, trop délicates & trop sensibles, ne peuvent supporter ces scenes tragiques, malgré ce qui devroit les rassurer ! N'a-t'on pas vu des personnes de cette complexion s'évanouir subitement dans les places publiques à la vue d'un épilectique, d'un homme défaillant qui tomboit en leur présence ! (*) Qu'on lise

(*) Auroit-on oublié ce qui se passa l'une des annees dernieres dans la Paroisse de St. Roch à Paris parmi les jeunes filles de la maison de *l'Enfant Jésus* pendant la procession qu'elles faisoient le jour de la premiere communion ? Elles tomberent presque toutes en crises à la vue de l'une d'elles qui éprouva un accident de cette nature. Tous les jours ensuite elles tomboient en crise chaque fois qu'elles se trouvoient rassemblées en communauté. Pour les guérir, il fut suffisant de les faire vivre quelque temps isolées les unes des autres.

dans

dans *Kaau - Boerhaave* de quoi ſont capables pareils exemples, & ſur-tout ce que peut l'imagination de celles qui en ſont témoins. Quant à *l'attouchement*, eſt-il vrai qu'il ne produiſe aucune criſe, lorſque le médecin veut palper, preſſer les parties gonflées & irritées de ſon malade ?

Cependant de toutes les criſes dont l'anonyme parle, & qu'il réduit à quatre claſſes, il convient qu'il n'en eſt qu'une ſeule d'utile, & que les trois autres ſont funeſtes & tiennent à *l'imagination*, *l'imitation*, &c. Or je demande pourquoi la 1re. ne ſera pas produite par la même cauſe ? *On connoît*, ſelon lui, *la criſe utile & ſalutaire à ce qu'elle ſe manifeſte dès la premiere fois qu'on agit magnétiquement ſur une perſonne très-ſuſceptible, quoiqu'auparavant elle n'en eût eu aucune.* Mais d'où vient que même dès cette premiere fois, *l'attouchement* ou *l'imitation*, ou ſeulement *l'imagination* ne produira pas cette criſe prétendue ſalutaire ? Mais pourquoi des criſes, M. le Barbériniſte ? (*) Où eſt

(*) L'anonyme nous force ici à dévoiler ſon peu de ſoumiſſion à ſon maître, & à revéler que M. de Barb, inſtruit ſecrettement dans l'art d'opérer par ſon

donc cette aveugle docilité que l'on doit à un maître tel que le vôtre : auſſi inſtruit que vous, il a dû voir auſſi clairement que vous l'utilité ou l'inutilité des criſes. *Il eſt*, comme vous, *auſſi certain de ce qu'il dit que de ſa propre exiſtence.*

Je ne vous diſputerai pas cette certitude exempte d'erreur, qui vous pénètre tous intimément. Mais M. de Barberin ſe récrie contre toute eſpece de criſe. Parmi cette troupe de gens

---

frere qui magnétiſe chez M. le Marquis de P ignoroit, à l'origine de ſes manipulations, le ſyſtême dont j'ai parlé précédemment. Les myſteres du ſpiritualiſme lui ont été révelés par M. de Mo. qui revendique la découverte. M. de B. n'a adopté cette doctrine nouvelle que parce qu'il n'avoit pu ſe procurer celle de Meſmer, & que celle de M. de Mo. lui paroiſſoit nouvelle & merveilleuſe. Pour démontrer qu'il eſt vraiment l'inventeur M. de Mo marchant ſur les mêmes fondemens, va plus loin encore que les adherans du Cher de B. Avec une boule magique qu'il tient ſuſpendue par un cordon de ſoie, à l'inſpection du plan d'une terre inconnue, il ſe flatte de découvrir les ſources qu'elle renferme dans ſon ſein, en quel lieu paſſent & ſejournent les eaux. Par le même moyen il devinera ſi une femme groſſe accouchera d'un fils ou d'une fille. Mais je dois dire qu'après avoir été témoin de ces opérations, après avoir comparé les évenemens aux prédictions, j'ai trouvé que M. de M ainſi que tous ſes F. n'a pas encore fait ce qu'il a promis. Cependant tout ce qu'ils promettent eſt poſſible, & *lorſqu'on eſt inſpiré on conçoit ces effets extraordinaires avant que de les avoir vus.* Conſultez le Syſtême p. 7. de cet Ouvrage.

illuminés qui jouissent de la vision intuitive de la vérité, parmi lesquels est sans contredit votre maître, comment se peut-il faire que les uns soient pour, les autres contre les crises? L'un des partis se trompe nécessairement; aucun n'en convient; & l'homme sage qui cherche à s'éclairer, récuse le témoignage de *sectaires* qui vivent au milieu des contradictions les plus révoltantes.

Peut-on de sang froid les entendre se vanter de modérer les crises à leur gré, fondés sur ce dit-on : *Qui peut le plus, peut le moins*, comme si cette proposition étoit incontestable dans tous les cas? Seroit-il nécessaire de leur apprendre que lorsque l'imagination d'une personne est fortement exaltée, il est moralement impossible de la faire baisser? C'est un incendie qu'on a pu causer, mais qu'on ne peut pas modérer à volonté. Les crises cessent quand les nerfs n'ont plus la force de se tenir dans cet état d'irritabilité, où s'étoit mise la jeune *fille du peuple* lorsqu'on la magnétisoit; ses fibres ne peuvent plus rien pour soutenir son imagination élevée. S'il étoit possible de diminuer ces crises, ce seroit de faire connoître à la convulsionnaire le dessein qu'on a de les calmer. L'imagination alors changeroit de jeu ; mais ce feroit toujours *l'imagination*. Si les crifes deviennent moins fréquentes à mefure qu'on approche de la guérifon, n'eft-ce pas parce que le corps fe rétabliffant au moyen des purgations, des faignées &c., qui accompagnent les traitemens, l'imagination fi puiffante fur un phyfique débile, perd de fon action à mefure qu'il fe fortifie !

Soyons moins récalcitrans & confentons à nous rendre fi l'on exécute à la lettre les X. expériences étonnantes, annoncées par l'anonyme. Jufques-là je dirai que je fuis certain qu'on ne les fera point telles, *comme je fuis fûr de mon exiftence*. Les obfervateurs integres & les Phyficiens accrédités y feroient fans doute convoqués. Leur nombre ne feroit pas écrafé par celui des enthoufiaftes ou des ignorans, comme aux expériences du 22 Juillet & du 9 Août. On n'oferoit pas faire imprimer des récits infideles & des verbaux pleins de fubterfuges. Mais l'anonyme le fait : *Qui trop embraffe mal étreint* : il refufe déja, pag. 3, de faire ce qu'il propofe. La prudence eft confommée de ne point fe nommer en promettant de tels miracles. Mais en fe nommant, lors même qu'il échoueroit, il s'en tireroit encore assez bien vis-à-vis des bonnes gens qui seules auroient pu compter sur ses X prodiges, leur disant, comme certain galant de La Font... qui ne put effectuer les X exploits qu'il avoit promis :

Promettre est un, & tenir est un autre.

Gassner & Greatrakes aux siecles derniers n'étoient ni moins avantageux, ni plus heureux que nos mystiques modernes, aussi vains qu'imprudens ; ces derniers sans avoir lu *M. Thouret*, assurent qu'on n'a point jusqu'ici connu la méthode présente du Magnétisme & qu'on n'en a point fait usage. Mais Maxwel & tant d'autres partisans anciens de cette doctrine ne l'ont-il pas fait valoir, & les Barbérinistes ne se reconnoîtroient-ils point dans les procédés de Gassner & de Greatrakes ?

Après avoir découvert les impostures & l'inutilité des traitemens mystérieux de ceux-ci, nos Peres les ont sagement proscrits ; on les avoit oubliés jusqu'à *Mesmer*, & la saine philosophie se flatte que la génération présente imitera la sagesse de celle qui nous a précédé. Qu'on ne s'inquiette donc point de la forme sous laquelle il faudroit *trans-*

mettre à la postérité le Magnétisme. Dans une nation, le séjour des lumières, ceux qui l'ont vu renaître, doivent le voir expirer.

Croira-t-on dans la suite que chez des peuples éclairés, il ait existé des gens qui pour la gloire d'avoir découvert dans l'homme un prétendu *nouveau sens*, ont renoncé à toutes les idées admises par la raison? On leur le passeroit encore si ce sens récemment découvert étoit de la nature de celui dont parle si énergiquement M. de Buffon (*), & par lequel se répand la joie, le bonheur, le plaisir & la vie. Ses effets sont assurément plus sûrs & plus avantageux que ceux de la sensation magnétique; & si elle existe, ne doit-elle pas beaucoup de son existence à ce sixieme sens, puisque l'on ne voit que des femmes se pâmer entre les mains & les genoux des magnétisans, qui de leur côté tombent en *Satyriasis*?.. Ne soyons plus surpris que d'homme à homme l'influence soit nulle, ou se borne à une communication réciproque & peu distincte de transpiration.

(*) Tom VI sur les premiers sentimens de l'homme, p.

Le Gouvernement agiroit donc prudemment en proſcrivant l'exercice public de ce nouveau ſoins, & certainement il ne proſcriroit pas un remede *nul en lui-même*, comme le dit ironiquement l'anonyme, p. 25, mais les moyens impoſans dont on ſe ſert pour détromper le public ſur ſa ſanté; on défendroit des criſes auſſi funeſtes qu'elles ſont indécentes.

Nous nous plaiſons à croire qu'alors les Magiſtrats, que les Magnétiſans ſe ſont donnés pour ſurveillans, n'en ſeroient pas moins zélés pour l'exécution d'un Arrêt qui banniroit le Magnétiſme. Leur reſpect connu pour les loix & les volontés du Souverain dédaigneroit ce prétexte ſpécieux, ſuggéré par l'anonyme, qu'il ſeroit impoſſible de faire obſerver cette loi prohibitive & barbare, de ſévir contre les infracteurs. Ils ſavent très-bien qu'il leur ſeroit aiſé de renverſer tous les baquets, d'interdire les Magnétiſans, de les expulſer comme l'on a fait à Vienne & à Berlin, de punir les rebelles, lorſqu'on les connoîtroit. Si les gens conſidérés qui ſe livrent au Magnétiſme par ſéduction ou par déſœuvrement, y renoncent, les Particuliers l'abandonneront alors d'eux-mêmes. Le gros de la Société copie ceux qui la président. Le public, incapable d'aprécier leur ſcience & leur talens, les juge ſur l'extérieur & ſe fait un honneur de les imiter. Qu'ils abandonnent le Magnétiſme, & le peuple ceſſera de ſe paſſionner pour lui. Dès que la paſſion ceſſe parmi ce genre d'hommes, on n'ignore pas que bientôt ſurvient l'oubli même de ce qui les échauffoit.

» Pourquoi, ſe récrie l'anonyme, » proſcrire le moyen qui nous a été donné » pour ſeconder cette action naturelle qui » tend dans nous à nous délivrer des mala» dies ? Cette action s'efforce de rétablir » la machine ſouffrante ; le vrai moyen » de l'aider, c'eſt le magnétiſme. » Mais que deviendront les trois regnes de la nature ? Seroit-ce en vain que Dieu les auroit crées ? C'eſt en eux qu'il faut que l'homme cherche ce qui doit diminuer ſes maux. L'art du Médecin conſiſte à connoître l'état des malades & à leur appliquer à propos les fruits de *l'animal*, *du végétal* & du *minéral*. S'ils exiſtent pour notre uſage, ſi l'heureuſe application qu'on en fait procure notre ſoulagement, à quoi bon recourir à un expédient imaginaire, qui n'a jamais opéré de cure & ne peut en opéfer ? N'est-ce pas vouloir intervertir l'ordre établi par l'être suprême ? J'en appelle à ce *Roi sage* & puissant à qui *tous les biens invisibles & matériels suvinrent avec la sagesse.* On sait qu'il fit un traité sur l'efficacité des plantes, sur les moyens de santé que Dieu nous avoit indiqués dans elles. Ce Prince qui n'ignoroit rien ne paroît point s'être douté du magnétisme. *Les clavicules de Salomon* retentissent de l'éloge qu'il fait de ces trois œuvres du Seigneur, dans lesquelles il veut que nous trouvions la nourriture & le soulagement, suivant nos besoins. Tous les naturalistes pensent de même, & MM. Les Ma... sont les seuls qui prétendent que l'homme n'a besoin de ces trois regnes qu'en punition de ses déréglemens & des abus qu'il en a fait. Hélas ! *la terre n'est plus vierge.* Tant pis, diront les mauvais plaisans, mais qui le sera donc aujourdhui ? De pareilles réponses suffisent à des assertions aussi ridicules. Quelqu'un de ceux qui les avancent s'est-il délivré de cet asservissement à la nature, & trouve-t-il dans son pouvoir magnétique le don d'y suppléer ? Par-tout je vois des fanfaronnades, & nullepart on ne rencontre des effets dignes d'une doctrine aussi merveilleuse. (*)

C'est vainement qu'on s'applaudit du suffrage de MM. les Médecins & Chirurgiens distingués qu'on croit s'être engagés. M. *Orelut* doit savoir le sentiment de M**. Nous nous dispenserons de lui le dire. Mais nous revelerons au grand jour que MM. Villermoz & Brac, médecins ont montré assez peu de confiance *au magnétisme*, que de l'abjurer dans leurs indispositions ; il y tiennent si foiblement, qu'ils ont déja témoigné à leur compagnie, qu'à l'exemple de M. la Fisse, Médecin de la capitale & Professeur chez M. Deslon du systême magnétique, ils y renonceront sans regret, au premier signal du college. Or je leur crois l'ame trop noble & trop héroïque pour ne pas sacrifier l'amitié de leurs confreres, au devoir de soutenir la vérité, s'ils la voyoient dans leur doctrine du *magnétisme*.

(*) Le public sait que l'auteur estimable du dictionnaire immense de Jurisprudence, vient d'expirer entre les mains des mangetisans. Ils doutoient encore si peu de leurs succes futurs, la veille de sa mort, qu'ils démentirent le Médecin recommandable qui leur la pronostiquoit très-prochaine.

8 Tb64.47
P 89/1957

DEVILLERS, Charles. -L'Anti-magnétisme martiniste...
-Lyon, 1784.43 p.
1989. Bibliothèque Nationale. Paris.

La marche que l'on suit dans les traitemens de M. Dutrehey est spécieuse ; le plan que l'anonyme propose est conforme à la conduite qu'on y tient ; mais je voudrois encore qu'on ne permît de traitemens publics qu'aux gens de l'art médical, qui auroient des lumieres plus étendues & que leur fortune & leur crédit connus mettroient à l'abri de tout soupçon. A ces précautions, ajoutez celle d'exclure l'enthousiasme, & j'assure que le magnétisme aura une existence moins durable que si l'on négligeoit de prendre ces mesures. Ce sera bien alors que MM. les Barberinistes & Mesmériens qui refusent aux autres Magnétisans, *page* 28, une existence méritée, n'en jouiront plus eux-mêmes. Mais c'est une injustice à leur orateur de ne compter aujourd'hui que deux traitemens à Lyon, celui de M. Dutrehey, & celui de M. Orelut. MM. Rich... Pest......, & leur compagnie d'abbés & de chevaliers, qui font faire & dire de si jolies choses aux femmes. MM. Michel & Gray, qui voient les yeux ouverts & le magnétisme en descendre à leur volonté, ne sont-ils donc rien aux yeux de notre auteur? Ces derniers, comme on le voit, ont des idées sublimes qui se lieroient bien avec les siennes. Pourquoi donc faire contre eux des sorties aussi offensantes que celle de la p. 29 de la brochure ? La seule différence, ai-je oui dire, qui se trouve entre eux & les Barberinistes, c'est que chez les uns, les *filles du peuple* y jouent par intérêt le grand rôle, qu'elles ne jouent chez les autres que par complaisance & par politique. (*) Tout regne divisé ne peut subsister ; bannissez, Mesmériens, Délonistes, Martinistes, vous tous qui magnétisez, bannissez la mésintelligence qui vous sépare, établissez parmi vous le syncrétisme le plus inaltérable ; voilà le secret de prolonger de

---

(*) On pensera ce qu'on voudra du fait récent qui s'est passé chez un de nos magnétisans, M. R. Deux Médecins & deux particuliers très-instruits allerent voir les merveilles qu'il opéroit. La derniere & la plus étonnante fut la catalepsie d'une *jeune fille du peuple* que le magnétisant jetoit dans cet état, à volonté. Lorsqu'il accompagnoit les étrangers qui s'en alloient surpris, l'un d'eux le prit à part, & le poussant jusqu'à la porte, il l'argumentoit sur son *agent*. Pendant que celui-ci s'échauffoit à répondre, les trois autres revinrent à cette fille qu'ils firent retomber en *catalepsie*, en lui faisant accroire que M. R. la magnétisoit. Ils firent cesser la crise quand ils le voulurent en faisant entendre à la cataleptique que son opérateur la remettoit dans son état naturel.

quelques jours au-delà de son terme prochain, votre crédit momentané.

D'après l'examen des expériences magnétiques, d'après la discussion que j'ai faite des principes & des raisonnemens de l'apologiste que je viens de lire, je n'en suis que plus convaincu de la non-existence du *magnétisme*. Je dirai avec plus de sincérité que lui » que » MM. les Commissaires ont cherché » la vérité avec toutes les précautions » nécessaires pour ne pas tomber dans » l'erreur », & je crois qu'on ne peut euren reprocher aucune. On m'alléguera que M. *Deslon leur a caché les vrais principes du Magnétisme*, ou *qu'il les ignoroit*. Ce grand Mesmer, cet homme divin ne vient-il pas de le dire solemnellement ? M. *Deslon ne connoît point son systeme*. Mais l'auroit-il trompé lorsqu'il lui faisoit accroire qu'il lui communiquoit sa doctrine ? Auroit-il menti en présence de la justice & de ses ministres, lorsqu'il demandoit juridiquement à ce Médecin la somme exorbitante qui devoit payer les leçons *magnétiques* qu'il avoit reçues de lui ? Il falloit à Mesmer de l'argent ; à cette fin il ressemble près de trois cents disciples, & se fait donner par chacun d'eux, avant de les initier, 100 louis ſeulement. *Sage précaution !* ont-ils dit. C'eſt par une ſuite de cette probité irréprochable, qu'à la fin de ſes leçons, il leur refuſe les cahiers du Magnétiſme qu'il leur a promis au commencement. C'eſt par déſintéreſſement, ſans doute, que cet homme incomparable ne leur permet de faire des adeptes qu'aux conditions de partager les fortes contributions qu'on exige d'eux. Comment peut-on ſoutenir qu'un homme ſi avide des ſables du Pactole, ne *ſoit jaloux que du bien de l'humanité !* Celui qui l'aime véritablement a-t-il beſoin, pour aller à ſon ſecours, d'être attiré par les charmes de l'or ? Ne craignons pas de le dire, c'eſt en cela que ce M. Deſlon, qu'on condamne ſi injuſtement, nous paroît ſupérieur à ce Meſmer qu'on loue avec extravagance. Si ce premier a fait des éleves, s'il leur a communiqué ſa théorie ſéduiſante, c'eſt avec le plus entier déſintéreſſement. Perſuadé de l'exiſtence de ſon *agent*, il vouloit ſur-tout le faire connoître aux Médecins, parce que c'eſt à eux qu'il appartient d'étudier *ſes vertus & ſon utilité*. En même-temps qu'il nous ſemble vivement convaincu de ce qu'il avance, nous nepouvons que le juger exactement irréprochable & honnête dans sa conduite.

Persisteroit-on à dire qu'il ignore les vrais principes du Magnétisme ? Je demanderois si M. Bertholet, Docteur Régent de la Faculté de médecine, de l'Académie des Sciences de Paris, qui a fléchi, comme tant d'autres, l'impénétrable Mesmer, en lui donnant cent louis, ne savoit rien encore de sa doctrine à la moitié du cours. Le soutiendroit-on ? Je suis en droit de répliquer que Mesmer l'a donc évidemment trompé ; qu'il peut avoir pareillement trompé tous ses éleves, dont le cours a très notoirement duré moins que celui de M. Bertholet. S'il est initié, qu'on veuille bien s'en rapporter à sa déclaration, que tous les papiers publics ont repétée. (Mercure de France, Août, N°. 35. Journal encyclop. 1 Septembre 1784.) On le verra soutenir en face de l'univers qu'après une étude réfléchie, & des opérations réitérées chez Mesmer, il n'a pu reconnoître *aucun Agent* ; & n'a vu chez cet empirique queles manœuvres du charlatanisme. On doit l'en croire, ce n'est point ici un Auteur qui se cache, c'est un Médecin dont les lumieres, la réputation & les succès sont connus, qui a mis tous les soins possibles pour ne pas s'égarer; qui a pris le temps nécessaire pour bien examiner, afin de ne pas prononcer légérement. Le profit qu'il eût pu retirer de la confiance du Public affolé pour le **Mesmérisme**, démontre clairement qu'il a prononcé avec franchise, connoissance & sans partialité.

Enfin, pourquoi aurois-je confiance au **Magnétisme**, quand ses partisans les plus phrénétiques au dehors en refusent les secours dans leurs maux? (*) Quand je fais attention que tous ceux qui en font métier deviendront plus opulens, avec cette nouvelle méthode de s'enrichir, qu'ils n'avoient l'air de le devenir en suivant l'état qu'ils avoient précédemment

(*) A l'instant entre chez moi un éleve de MM. Orclut &c.; il me raconte qu'un de leurs Professeurs exposant ce matin l'efficacité du Magnétisme dans les défaillances, les suffocations &c. tomba d'un mal de cœur en leur parlant. Aussitôt pour mettre à profit la leçon du maître, les écoliers mettent en action l'Agent universel qui devoit le soulager *ex Professis*. Non, non, s'écria-t il promptement, *point de ce Remede*, & l'on courut à l'esprit de vinaigre, &c. qui le firent revenir. Tous les Magnétisans n'ont pas tenu formellement le même propos: mais tous ont suivi la même marche. Aucun d'eux, sans en excepter le Divin Mesmer, n'a confiance en sa méthode quand il est malade.

précédemment dans la Société. Ce sont des Médecins peu courus auparavant ; ce sont de jeunes Chirurgiens qui, doués de talens, étoient néanmoins peu en vogue, dont on admiroit la théorie sans essayer de leur pratique. Ce qui rend plus soutenu le triomphe de mon incrédulité, c'est de remarquer que les Médecins répandus & considérés qu'on a instruits du Magnétisme, le décréditent ou n'y croient pas, & refusent de s'en servir. Dois-je y croire quand j'entends la plûpart des riches éleves de Mesmer, & de ses disciples, dire que le Magnétisme n'est rien, ou bon à rien ; & que les crises qu'on procure au moyen de ce fantôme peuvent être très-funestes ; quand j'entends les disciples intéressés de Mesmer, avouer qu'en opérant ils courent après leurs cent louis ? Dois-je y croire quand les hommes instruits, physiciens, riches & par conséquent desintéressés, qui sont initiés dans le mesmérisme, conviennent qu'il *est victorieux cet écrit de M. Thouret*, dans lequel il nie & prouve qu'il n'existe point d'*Agent* ou *pouvoir magnétique*. Or, voilà ce que tout le monde peut voir & entendre. Qu'on interroge de bonne foi ces Meſſieurs, qu'on les mette à même de répondre avec franchiſe, & l'on reconnoîtra ce que j'avance. Si l'on refuſe de les en croire, qui méritera donc notre croyance? Ce ne ſeront pas, ſans doute, les énergumenes que ce ſyſtême a faits. S'en rapportera-t-on au témoignage de quelques femmes qui ſe croyent ſoulagées après ſix cents ſéances au baquet, parce que telle ou telle bagatelle ne leur cauſe plus de vapeurs; parce que ce cercle de divertiſſemens qui s'y forme, les délivre pendant pluſieurs heures, de l'ennui domeſtique; parce qu'enfin elles y ont des convulſions voluptueuſes, à la honte des bonnes mœurs & de la religion? (*)

Je ne quitterois pas la plume, & je finirois par répéter ce qu'on a ſi bien dit avant moi, contre le Magnétiſme, ſi j'avois à cœur de réfuter dans tous

(*) Une d'elles m'a avoué le plaiſir indicible qu'on goûte dans cette chambre ſombre & matelaſſée, deſtinée aux criſes. *C'eſt ſur ſa porte*, m'a-t-elle ajouté plaiſamment, *que nous liſons écrit d'une maniere inviſible, & par une main qui n'eſt pas trompeuſe, le cri trompeur qui frappe quelquefois nos oreilles. Ici, c'eſt ici le vrai plaiſir des Dames.* Elles ont beau ſe jurer le ſecret, eſt-il poſſible qu'il n'en tranſpire pas quelque-choſe? La foule de celles qui prennent goût à ces traitemens, y vole pluſieurs fois le jour. Chacun a ſa paſſion qui l'entraîne, & l'on peut dire de chacune de celles qui y courent: *Trahit... quamque voluptas.*

ses points, la brochure que je viens d'examiner. Déja je m'étonne de la multiplicité de mes observations, & je me dis à moi-même : *Quæ te dementia cœpit* ? Sans nom dans la médecine & la physique, qu'avois-je à faire d'écrire sur une matiere qui leur appartient ? Mais je n'ai pu me tranquilliser qu'en dévoilant l'erreur, le charlatanisme des récits & des promesses des Magnétisans. Blâmera-t-on celui qui, pour s'affermir contre leurs séductions, s'en est retracé les motifs dans un moment de crise où les têtes les plus graves tournent vers la frénésie du Magnétisme ? Si c'est folie à moi d'avoir discuté l'ouvrage d'un anonyme, je m'excuse en ajoutant qu'il n'a pas été sage à lui de le mettre au jour.

Teneas, Damasippe, tuis te ;
O major tandem parcas insane minori !
Hor. Sat. liv. II

BIBLIOTHEQUE ROYALE
I

FIN.

www.ingramcontent.com/pod-product-compliance
Lightning Source LLC
LaVergne TN
LVHW050459160826
845677LV00003B/835